序

正直、気が重い。一、二度書こうとしたが数度で止めてしまった。従ってやや杜撰なところもあるかもしれない。

それに今の私にとって、「死とはなにか」は分かり切っているし、大衆もあまり興味を持っていないと思っていた。

が、たまたまある有名知識人が、晩年「死」について深く考えていたことを知って、気持ちが少し変わった。だからと言って、別に彼に影響されたわけではない。

そこで、ふと思ったのは、戦後の日本人が美食、お笑い等にうつつを抜かすのは、無意識に死から目を逸らそうとしているからではないか、と思うようになった。

戦前、日本人は嫌でも死は目前にあり、目を逸らすことのできぬ現実であった。そこに人間性があったなどと言う積りはないが、人間は死という究極に行きつく世界から目を逸らすと、かくも堕落するものかと知らしめたのが戦後である。

今一つ私がうんざりさせられたのが、日本人（武士、禅者は除く）のあまりの頭の悪さである。

これは一つには、日本が島国であったが故に、外国からの侵略がなかったがために、士農工商という身分社会を千年以上も続けてきたことの結果である。それによって統治者・武士と、被統治者・農工商（「村」人）との関係が、旦那と妾とのそれに類似してしまったのである（この妾とはペットと同義であるが、どうもそれでは語感的に得心がゆかぬので、敢えてこのような表現を用いた）。

ここでいう妾とは、旦那の言うがままにしておれば命は保証されるという意味で、それは福沢諭吉のいう「逃げ走る」「客分」（『学問のすゝめ』）でよかったから、一切自分の頭で「考える」能力を自らの歴史的古層（以下、これらの私の思想造語については私の既刊書に当たっていただきたい）に蓄積させることがなかったことによる。

そも妾には「考える」こと自体なんだか分からず、ただ旦那に言われたことを暗記し、旦那にゴマを擂ることが「考える」ことだと思っている人種である。

それはたとえば、戦前、日本人は旧日本軍という旦那に従い、戦争に敗れると、今度はアメリカ軍という新しい旦那に取り入るという種類の頭の持ち主である。だから「考える」ということが分からない。従ってその「考える」視点をアメリカ（西洋）から借りてき、しかもそれを恥だとも思わない。だからいまだに日本国憲法であり、いざとなったらそれを根拠（九条）に「逃げ走る」「村」人の民主主義なのである。

つまり他人の頭で「考え」ているのだから「考える」ことにならぬし、その結果として自虐史観に陥ることにもなる。私が頭が悪いというのは、他人の思考に洗脳されて、自分の悪口を言っているようなものだからである。

その事実は、自覚はないにしろ、誰も民主主義など信じちゃいない、ということである。ただの民民ゼミの世界である。

民主主義の発祥は、古代ヨーロッパの戦争社会にあり、それがキリスト教、デカルトの哲学、そして資本主義と半ば二卵性双生児として生まれたのが、近代民主主義だとは誰も考えもしない。

韓国だって民主主義が戦争思想に基づくものだ、というくらいは知っているから徴兵制を取っている。それを日本は平和憲法だ、などと言っているのだから国家じゃない。

そもそも日本人は、ポリティカル・サイエンスを政治学と訳してなんの疑問も浮かばない。政はまつりごと、治はおさめることであれば、政治学とは国を政《まつりごと》によって治めることである。江戸時代まではそれで治まったから、政治学という訳語が当てられたのだろう。

しかし戦後の日本人は、自分の頭で「考える」ということをしなくなったから、ポリティカル・サイエンスにそれ以上の疑問を抱かない。

私だったら戦国学と訳す。それは国家が生き延びるためには――いざ戦争になったら――いかなる国家体制で臨むか、の学問であるのと同時に、そのための人材を育成するためにはどうすべきか、というものである。その意味では、妾国民から成る戦後民主主義は最低である。

ところで、なぜ旦那と妾との問題を持ち出したかというと、両者の思考の分岐点が「死」だからである。

なお、妾が差別語だと言う人は、言語には「色《いろ》」が付いているという本質的なことが分かっておらぬからである。そういうことが理解できぬ人には本書を読んでもらいたくない。そういう頭には、死もまた「色《しき》」だということは到底、理解できまいと思われるから。

死とはなにか◎目次

第一章　死とはなにか

言うまでもないが、ここで言う死とは、死の側からではなく、生の側から見た死である。ヒトにはそれがなんだか分からぬから不安、恐れを抱くのである。

だからと言って私は、死んでしまったら意識がなくなるから死は問えぬし、また生きている内はそれを体験することできぬから、死の説明はつかぬ、というような陳腐なことを言う積りはない。

ただ、世の中には分かることと分からぬことがあるのも事実である。この区別が西洋人には一部つかない。なぜつかぬかと言えば、彼らがキリスト教信仰の下にあるからである。つまりキリスト教が「人は自分で神を作り出し、それに隷属する」（アナトール・フランス。ちなみにスターリンの愛語）といった性質のものであれば、この神を作り出したキリスト教徒は、事実上神だということである

（だから彼らは異教徒にかくも残酷なことができたのである）。

そうであれば、事実上、ヒトではない永遠の存在である彼らにどうして死が理解できようか。従って現実にはそれを霊魂、天国といったようなものでごまかすしかない。しかも彼らは神を信じているから、ごまかすという感覚がない。

それに神は科学的に証明されたものではない、という理屈を持ち出しても無駄である。信仰とは「不合理ゆえにわれ信ず」の世界だからである。

また私は、証明されなかったからと言って、否定する積りはない。ヒトは言語（価値）という虚構（嘘）の世界の呪縛のなかを生きる存在だから「信じる者は救われる」のである。

ただ、ヒトの作り出した神（嘘）を根拠とする西洋文明の「死」に対する論述は、当然嘘だということになる。さらに断言できることは、彼らには決して死を理解できぬことである。なぜなら死は自然（進化）から生じた問題であって、神を作り出すような嘘の知恵を生きる人々の理解するところのものではない。

これに似て過去の日本人も、死を恐れるあまり仏教を信じていたが、西洋文明（医学等）の流入によって、もはや無常観も浄土思想も信じられぬものになった。つまり死ねば終わりだと思うことによって、死から享楽によって目を逸らし、それをできるだけ衛生的なものに変質せしめ、ただ、だらだらと長寿のまっとうに奔走することになった。

私は死とはかなり係わって生きてきた。

私は二十歳のとき、自分は自殺をしないと誓った。なぜそんな誓いを立てたのか、中年過ぎまで分からなかった。ただその頃、死を恐ろしいとも、不安ともそれほど思っていなかった気がする。死とは生という一本道に隠された落とし穴のようなもので、そこまでが長いにしろ短いにしろ、いずれは落ちるだけだと。

しかし自分が自殺をしない誓いを立てた理由は一寸違う。

それは私が十四歳までの田舎暮らしのなかで「無」を知り、「カミ」を見てしまったことに関係していると思う。だがその事実に、私は中年に入るまで気づかなかった。つまり無を知りカミを見てしまった人間にとって、資本主義社会とは斯《か》くなるまでに生きにくい世界だと感じていただけで。

資本主義社会とは欲望の世界である。自然を失い自然人であることを止め、モノとなって死の労働をし、それで得た賃金で欲望を買う世界である。西洋人が労働を嫌う理由はそこにある。

そうしたことを直感してしまった私には、その世界では生きられぬと感じたのだろう。事実そうなった。

三十歳の頃、それはその当時、それほど大きな問題だとは思われなかったが、友人と議論をしていたとき突然、自分の喋っていることがすべて、親の躾、学校教育、社会慣習、書物、新聞等によって洗脳されたことを、鸚鵡のように喋っているだけだと気づいてしまった。

私は先に述べた生きにくさと相俟《あいま》って、隠遁生活に入ることになった。私に生じた疑問とは、「私は考える」とは、また洗脳されておらぬ純な「私」とは、そして私にとってまだ解明されていなかった無、さらにそこに追加されたニヒリズム（虚無。当時その認識はなかった）であり、それによって私は狂気寸前にまで陥ることになった（本書では無、ニヒリズムには触れない）。それは私にとっての真の地獄の始まりだった。私は心身ともに異常をきたし、自分は五十歳までは生きぬだろうと思った。

私は自殺ということを考えぬわけはなかったが、ヒトがこれほど言語（価値）に縛られて生きていることを、そして大義を抱くと、死にも苦痛にも耐えられるものだ、ということを知った。

当時、吉田松陰の次の言葉を知っていたかどうか定かではないが、その通りだと思った。

死して不朽の見込あらばいつでも死ぬべし。
生きて大業の見込あらばいつでも生くべし。

武士というとなにかと死と結びつけられるが、それは松陰の言うようにむしろ逆である。生きて大業を成すのが武士の目的であって、そのためには死をも厭わぬ、ということである。「武士道といふは、死ぬことと見付けたり」とは死ぬことが目的ではなく、生きるために死ぬのである（妾にはこうした逆説は分からぬだろうが）。

三島由紀夫は死ぬことによって、国家の蘇ることに一縷《いちる》の望みを託した。だから死に際して国家権力を恐れて檄文を残した。つまり自らの死が、自衛隊内の事故死で処理されてしまうことを。が、あの事件は日本に国家権力などないことを、もろに見せつけることになった。この妾国家に権力など存在しないし、そのことを直感としてよく承知していた朝日新聞などは、平然と「権力と対峙する」などと言うのである。

その点どこに権力があるのか定かではないのがアメリカである。ＪＦＫ暗殺事件が有耶無耶《うやむや》にされてしまったことが、それをなによりも明かしている。

ところで三島は無名だったら、当然あんな事件は起こさなかっただろう。単なる自殺で処理されたからである。私も当然そんな道は選ばなかったし、また大業の志を感じはじめてもいたから。

それがすでに述べた「私は考える」や純な「私」とはなにか、また無やニヒリズムを解き明かすことであった。いや、そういう言い方は正しくない。結果的にそうなっただけのことかもしれぬ、からである。

私のニヒリズムは、神秘体験に陥ることによって起こったのだが、むろん初めから自認できていたわけではない。それがプルーストの「無意識的記憶」に似ていると思っただけだった。それがニーチェに繋がったのは、そこにニヒリズムの臭いを嗅いだからかもしれない。

私は特に彼の次の四つの文章に引っ掛かった。

意識にのぼってくる思考は、その知られないでいる思考の極めて僅少の部分、いうならばその最も表面的部分、最も粗悪な部分に過ぎない。

主体は虚構である。

肉体のもつ大いなる理性。

肉体のなかに住む「本来のおのれ」。

この中で最初に引っ掛かったのは「意識にのぼってくる思考」だった。私は「意識がのぼる」とは「意識が上昇する」という意味だと解した。そしてどうして「意識が上昇するのか」という謎に、私は一ケ月近くも頭を悩ませた。

そこで思い浮かんだのが宇宙論である。宇宙は無であり、その無限に向かって高速度で膨張しているという説だった。

ヒトもその宇宙の一生命である以上、その膨張のなかにあるのだから「意識の上昇」とは「生の上昇」ではないか、という推論に至った。だからと言って「生の上昇」はまったくの謎であった。

その謎にヒントを与えてくれたのが、宇宙が四次元であり、そこにおいて生命が進化してきたという事実であった。

進化とは一言でいえば、食うか食われるか、殺すか殺されるかの世界であり、生命は四次元世界でそうした生死の進化のなかで、生き延びてきたという事実である。それは言い換えれば、四次元という無の世界で、生命は環境（自然）から情報を取り入れ、それを本能（あるいはそれに類するもの）に下降・蓄積し、その情報を基に生を上昇させ、身体を環境に適応できるよう変異してきた、それが「生の上昇」という進化であると考えた。つまり進化とは、生き延びるための闘争のなかで勝つために、身体を変異させるということである。

それでは言語を生み出したヒトとは、いかなる存在であるのか？

宇宙は無限であり無である。そこにおいてヒトは、言語によって価値の拡大の方向に——生き延びられる方向に——無を切り分け、そこに有（意識）の世界を生み出したのである。つまり言語とは生き延びるために無を切り分けた虚構（嘘）であり、そこから生命進化を考えれば、ヒトは切り分ける以前の無に支配されていることになる。

すなわち、それまで無における環境（自然）からの情報の下降を本能に蓄積し、それを基に生を上昇させ、環境に適応できるよう変異してきた生命（サル）が同様にそうすることによって、言語情報の下降と言語情報の上昇との交錯するところに、言語の流れ（上昇）としての意識＝「有る」を生み出した、ということである。むろんこれは自然界において生き延びるための、言語による進化という嘘（虚構）の世界である。

この嘘（有）の世界とは、別言すれば、それまで四次元（無）を生きていた生命（サル）が、――従ってそれは四次元身体を生きていたということであるが――それを時間と空間（三次元）とに分離したということである。

なぜそれが可能だったのかと言えば、宇宙の無限に対し、ヒトの存在が極小（「0《ゼロ》」）であり、その程度の分離は可能だったのである。が、しかし宇宙はあくまで四次元であり、ヒトも当然その四次元から抜け出すことはできない。となると、ヒトが時間と空間（三次元）を生きる存在とはいったいなにを意味するのか？

それはサルが四次元身体を生きる宿命を帯びていたことから、ヒトもその進化（超歴史的古層）のなかにある以上、そこから逃れ出ることはできない。にも拘わらず、そこから逃れ出て有（意識）の世界を生きるとは、どういうことか？

その答として私は、ヒトは四次元身体を生きるとともに、意識（有）という虚構（嘘）の三次元身体をも生きる存在になったのだとした。そしてこの虚構の三次元身体「有る」を生きることになったヒトは、虚構（嘘）としての「有る」ことに快苦を覚える存在にもなった、ということでもある。これがニーチェが「主体は虚構である」と言ったことの意味である。

と同時にヒトは、存在と時間を持つことによって、「有」（意識）としての三次元身体上に、生病老死という苦を抱え込むことにもなった。そう考えれば、意識（有）とは虚構（嘘）であるのに対し、「本来のおのれ」は四次元身体、つまり肉体（無）のなかにあるものだ、ということになる。

それをニーチェは「肉体のもつ大いなる理性」「肉体のなかに住む『本来のおのれ』」と言った。つまり「本来のおのれ」は四次元身体という「無」のなかにある、ということである。しかし無は無であるからして発語できない。これが日本の「無」である。そして今日の日本人の「意識」から「無」に達するのには、武士道、禅による進化の逆行――三次元身体という虚構の身体を脱落し、四次元身体に至ること――によってしか達せられぬから極めて困難である（しかしそうせぬ限り「考える」ことはできない）。

それに対して、ニヒリズム（虚無）も進化の逆行によって無に至るというメカニズムにおいては同じだが、西洋人は日本人と異なる思想進化をしてきた結果、そこに無はなく虚無（ニヒリズム）に陥るという点で大きく異なる。

無に至る場合は意識を失うわけであるから、そこに快苦はないが、虚無は意識を失いながらも意識があるという、矛盾したほとんど狂気に近い激痛である。

その意識がないにも拘らず意識のある状態は、ニーチェの思想が極めて混乱しているにも拘らず、無とは異なり錯乱的ではあっても、思想言語を残し得たことである。そしてそれを私がある程度解明できたのは、私も彼に近いニヒリズムに陥ったからである。

そこはほとんど狂気の世界といってもよく、ニーチェはついにそこに陥ってしまった。彼と私との差は、日本では西洋のような思想進化は行われず――歴史的古層が異なるということであり――「無」の思想が残っていたからだと思う（なお本書では無とニヒリズムとの関係は述べない。それについては私の既刊書『人類の没落』『ある文明の終焉』『日本民主国家という廃墟』に当たられたい）。

ところで以上述べてきたことが何を意味しているのかと言えば、ニーチェの言う「意識にのぼってくる思考は、その知られないでいる思考の極めて僅少の部分、いうならばその最も表面的部分、最も粗悪な部分にすぎない」（これはヨーロッパ文明の最低さを言っているのである）、「主体は虚構である」とは、ヒトは意識で考えているわけではなく、「肉体のなかに住む『本来のおのれ』」である四次元身体、あるいは超歴史的古層の言語が、「生の上昇」によって「意識にのぼってくる」に過ぎぬのである。つまり主体＝「我」（意識）が「考え」ているわけではないのである。

このことをかっての武士、禅者は無において、それが言葉に表せぬものと知っていたから、彼らは「無」で「考えた」のである。この「無」で「考える」とは、「無」と「有」（意識）との落差から「意識にのぼってくる思考」の間《あいだ》を読み取っていた、ということである。

それに対して、西洋人はようやく近代に至って、フロイトによって意識下に無（無意識）のあることに気づくに至ったが、その本質を理解するにはいまだ至っていない。

それは西洋思想の本質が、砂漠に生まれたキリスト教に理由がある。

東洋思想（インド思想）が無（「0《ゼロ》」）に基づいているのに対し、砂漠に生まれた宗教は「0《ゼロ》」を否定した「有」（1《イチ》からの数字）からなる意識を根本に据えた西洋思想を生み出すに至るのである。

しかし意識はそもそれ自体が嘘、（虚構）である。つまりヨーロッパ文明は「人は自分で神を作り出し、それに隷属する」意識上の嘘（虚構）の文明だということである。だがそれで済むのならそれでよかったのだが、古代ヨーロッパは戦争社会であったから、「我」で「考え」た方が有利であった。つまり生命は群れ本能で生きる存在であるからして、ヒトに進化してもそれは変わることなく、群れ本能的価値で生きることになった。しかし群れ本能的価値があっては、「我」で「考える」ことはできない。

そこで彼らは神を作り出し、その神を根拠にヒトから群れ本能的価値である肉体を抜き取ったのである。それがデカルトの身体のない哲学である。つまり群れ本能的価値は肉体という無に宿るものであり、それを抜き取ることによって、肉体（無）のない意識（有）だけからなる「我考える」理性の思考を可能にしたのである（西洋人〔たとえばハイデガー〕が無を理解できぬ理由はここにある）。しかしそのことは「肉体のなかに住む『本来のおのれ』」が抜き取られたということであり、そんな「我」はもはや自然人とはかけ離れたものである。

もともと砂漠に生まれたキリスト教は、自然とは無縁であったから、自然人でない――肉体を抜き取られたヒトである――ことになんの抵抗もなかったのだろう。

しかしここから西洋文明は化け物化してゆく。なぜならヒトが本然として持つべき「肉体のなかに住む『本来のおのれ』」を、自ら作り出した神を根拠にして抜き取ったのであれば、事実上、彼らはヒトではなく神（理性人）になった、ということである。そしてそのことは、もはや西洋文明には自然は存在せず、ヒトもまた神によって作られたモノ（理性人）である「延長する物質」となった以上、そこには自然人としての喜びはない。そのようにモノとなって死んだ西洋人は、それを新たに作り出した欲望によって蘇らせるしかなくなった。つまりそれが自然を失った死んだヒト（理性人）が生み出した欲望の資本主義である。だから資本主義は麻薬と縁が切れぬのである。そこにしか生を蘇らせることができぬからである。

そしてその欲望の資本主義のなかにあっては、事実上神は死んだということである。なぜならヒトが神だからである。それに『聖書』にそんな欲望の世界は一行たりとも記されておらず、彼らはそれを自己偽善によって改竄に改竄をかさね、ソドムとゴモラの世界に変えてしまったのである。

しかし神が存在しなければ、神の下の「我」も「有り」得ぬことになるのだが、彼らの傲慢な自己偽善はそれを平然と無視した。そしてもはやヒトではなくなった彼らは、悪魔と共生することになる。ただしこの悪魔は神との対立概念ではなく、ヒトが欲望を持ちながら神となったという事実は、悪魔の欲望も神の大義によって正当化される、ということである。

それは西洋近代史のいたるところに――アメリカ史、第一次世界大戦、ナチス、スターリン等――に見出せる。つまり彼らはヒトではないから、異教徒等をモノとしていくら殺そうが、なんら恥じることのない思考に至ってしまったのである。

すなわち彼らの文明は、肉体を持たぬが故に「人の道」のないそれだ、ということである。

話はやや逸れるが「人の道」とは、たとえば『日本人は何を失《なく》したのか』（加来耕三著）に記されたイギリス人・ブリンクリの目撃した武士の果たし合いが如実に示している。

果たし合いは呆気なく終わってしまうのだが、その後、勝者の敗者に執った行動にブリンクリは痛く驚かされるのである。

それは勝者が斃した敗者を自らの羽織で覆い、その前に跪《ひざまず》くと恭しく合掌したのである。

つまり「人の道」とは、たとえ敵であってもそれは尊厳をもった人であり、それなりの礼は尽くさねばならぬ、という思想である。

しかし西洋人はヒトをモノとしか見ぬから、人に対する尊厳も礼もない。それが今日の西洋文明である。
そも原子爆弾を落として平然としていられる民主主義などになんの価値があるのか？　だから9・11同時多発テロがどうして起こったのかも理解する能力がない。

つまりキリスト教（『聖書』ではない）には、日本の「敬天愛人」の思想がないことである（肉体が抜き取られているからである）。敬天愛人は西郷隆盛の愛語として知られているが、過去の多くの日本人が持っていたものである。上杉鷹山、二宮金次郎、渋沢栄一、さらには福沢の母親等である。
たとえば二宮についてヘンリー・S・ストークス氏はその著書『英国人記者だからわかった日本が世界から尊敬されている本当の理由』で次のように記す。

二宮金次郎は、

「君《きみ》ありて、のち民にあるにあらず、民ありて、のち君起こる。蓮《はす》ありて、のち沼あるにあらず」

と説いている。このような民主的発想は、同時代のアジアにもヨーロッパにもありえなかった。もちろん、二宮金次郎だけの思想ではなく、日本人なら誰でも、こうした思いを抱いていたのである。

二宮のこの言葉にも敬天愛人に通ずるものがある。彼には報徳思想があり、それは天の徳をもって人に報いる、ということである。この徳という「人の道」が、日本においては「天の道」に通じるのだろう。しかもそれがあたかも天が喜んでくれるかのように。それは多分、日本が「和」の国であることと無関係ではない。

これが西洋では、天が私欲に繋がってしまったのに対し、日本においてはそれを天の下《もと》に捨てるという徳である。この徳とは、孔子の仁とでも言うしかなさそうなものである。

この二宮の思想は鷹山にも通じる。そして渋沢もまた私益に走る資本主義を取らず、「人の道」を重んじた合本主義に走った。

そして私の既刊書で再三述べてきた福沢の母親である。彼女は汚く臭く、頭のおかしい乞食女の虱を取ってやることを楽しみと、取らせてくれた褒美に飯まで食わせてやるというのは、彼女はあたかも欲を捨てる（損する）ことに喜びを見出している、かのようにさえ映る。そして彼女にそうさせているのが、天ではないかと思う。

それに福沢にしてもあの有名な「天は人の上に人を造らず」の天にしても、はっきり分からぬ概念である。また、今日のほぼ愛国心に当たる彼の報国心という表現は、彼にもまた天に報いるという歴史的古層があったからではないかと思う。

さらに天は心の苦しみをも捨てられる場所であった。夏目漱石の「則天去私」

がそれである。天は苦悩を受け入れられるほどに広いのである。

これらは大和心、大和魂と同根のものである。

そして日本人の心のなかの「天の道」の象徴として存在しているのが天皇である。

私がこのような一文を挿し入れたのは、過去の日本文明、日本精神を特異なものと思うからである。生命の世界にこのような天の思想はない。

話を戻す。

私の言いたいことは、生命（生命進化）とは、殺すか殺されるか、食うか食われるかという死と直面したなかで情報を収集し、それによって肉体を変異させ生き延びる世界である。

それは言い換えるなら、ヒトはそれらの情報を超歴史的古層（四次元身体）内に蓄積させて、生き延びねばならぬ宿命を負った存在だ、ということである。つまりヒトは意識において戦争をしたいわけではなく、生命が四次元身体に帯びてしまっている、食うか食われるかの「肉体のなかに住む『本来のおのれ』」の支配から逃れられぬ、ということである。

別言すれば、ヒトを含めて生命は「生の上昇」という情報を入力《インプット》させられており、その方向にしか（思想）進化できぬ、ということである。これはニーチェが「力（権力）への意志」と言ったことに等しい。

四次元生命は、たとえ生病老死があろうとも、そこは無の世界だからそこに苦はない。

ところが生の上昇によって三次元身体（有）という意識の世界を生きることになったヒトは、それらに苦を覚えることになった。特にヒトは意識においては戦争などしたくなくとも、四次元身体に内包されている闘争本能的（食うか食われるかの）価値が入力されており、それが「生の上昇」（力への意志）として上昇するから、生存のために闘争しないわけにはいかない。つまり意識という三次元身体は、四次元身体内の闘争本能的価値をコントロールすることはできぬ、という関係にある。

しかも四次元身体を生きていたサルが、三次元身体という意識（有）をもつ存在となったヒトは、それまで無のなかで生の上昇として、まったく入力されていなかった未知の情報、死と直面することになった。つまりヒトは四次元身体内に死の情報をまったく入力されておらぬのである。

それが理解のしようのないだけのものなら問題はないのだが、ヒトは四次元身体内に闘争本能的価値を入力されているから、その生存本能的価値によって戦わねばならない。しかし「有る」存在にとって、「無い」存在になることは、それが未知であるがゆえに当然恐ろしくも不安でもある。

それで戦争社会にある西洋人は本来、「天の道」である『聖書』を戦争宗教に改竄したのである。つまり死んだらイエスのように天国に行けるのだと。だから日本人には現行のキリスト教と『聖書』との乖離が理解できない。

それに対して、武士は禅などを通して進化を逆行させ、無という死と同じ境地を体得することでそれを乗り越えた。だから武士のなかには『聖書』を理解する者が現れた。


戦争という避けられぬ現実は、ヨーロッパ大陸では国と国との戦いであったから、国民は市民として戦わねばならなかった。しかしいかにキリスト教を信じようとも、彼らは「有る」(意識)の世界を生きているから、死という「無い」世界は恐ろしいはずである。

それはたとえば『ドイツ戦歿学生の手紙』(岩波新書、一九三八年)で――原書はすでに私の手許にないので、記憶で書くのだが――戦地へ出征する学生が、その日の朝、家の庭で無邪気に餌をついばんでいる鶏が、どれほど幸福に見えたかを綴っている。彼にとって自分に待ち受けている死がどれほど不条理に思えたことか。

それに彼らは肉体による思考という歯止めを持たず、神に基づく理性によるしかないから、それを消滅させるまでに意識を宗教的集団ヒステリー化によって抹殺でもせぬ限り、それを乗り越えることはできない。その結果が狂ったような二つの世界大戦になったのである。

それに対して島国日本の場合は事情が大きく異なる。つまり戦争社会ではなく、従ってキリスト教をデカルトの「我」によって戦争宗教化するような歴史的古層とは、まったく無縁だった。戦争は武士だけしかせず、その他の「村」人は「逃げ走る」「客分」でよかったのである。

「村」人にそれが可能だったのは、武士の支配下にありながら彼らを養っていたからであり、従って「村」人に「考える」能力は発達せず、ただ無常観、夢幻泡影観としての思想退化の歴史的古層を育むに至っただけだった。

そんな彼らが明治国家とともに国民とされ、また武士が廃されることによって国家統治にも加わり、また徴兵にも応じぬわけにはいかなくなった。そうであれば戦前の日本軍の拙劣な作戦も、また兵士が無謀に戦ったのも彼らの歴史的古層にあったものである。つまり誰も俄《にわか》天皇教など信じていた者はなく、ただ、言い方は悪いが焼け糞に戦った、というのが本当のところだろう。別言すれば、彼らは「考える」能力を持たなかったから、死と真正面で向き合うことなく、それまでの彼らの死生観（無常観、夢幻泡影観）のなかにそれを流し込んだだけだったのである。

その間の事情を、前述のドイツ学生と『きけ　わだつみのこえ』とを山折哲雄（『日本のこころ、日本人のこころ』）は比較し、ドイツ学生も日本学生も基本的思考においては、戦うのは祖国のためか、家族のためかと問うが究極のところで唐木順三（『自殺について』）は「急に身をかはしてしまふ」といい「何にしてもとか、ともかくといふような、曖昧な言葉に逃げて」しまうと言う。

これは結局、日本学生は「考える」能力を持たなかったから、最後は死から目を逸らすことになったのであり、また逆にドイツ学生は「有」のなかで「考える」ことしかできなかったから、嫌でも死と対峙せざるを得なかったのである。つまり良くも悪くも、あるいはまた市民であろうと、武士であろうと、死を真正面から見つめぬ限り、「考える」能力は生まれぬ、ということである。

この「考える」ことを千年以上もしてこなかった日本「村」人の歴史的古層は、戦後に至って妄化に姿を変えることになった。つまり「考える」能力がないから戦争で死ぬことだけを恐れ、新型コロナ・ウイルスも癌細胞も殺し屋であって、ヒトはいくら「逃げ走」ろうとも所詮は死ぬ運命にあるのだ、ということを認めない。戦後の日本人はそういうことを「考える」能力がまったくない。だから無宗教なのである。

第二章　妾の思考

私が妾の思考だなぁ、と思ったのは、広島平和記念公園の石碑に刻まれている「過ちは繰返しませぬから」の文字である。無垢な非戦闘員が原爆によって大量に焼却されて、こんな台詞が吐けるのは妾くらいである。つまり旦那に打《ぶ》ん殴られて思わず出た言葉であり、「あんたには人の道というものがないのですか」の思考もできぬ、ということである。

原爆投下はナチスのホロコーストと思考的には変わらない。それはヒトラーに猟奇的殺人趣味があったのに対し、アメリカ人には衛生的大量殺人趣味があったという違いに過ぎない。

だが、私が問題とするのはそんなことではない。西洋人と日本人との思考の違いである。ただしここで扱うのは戦後の妾日本人ではなく、無を知る者のそれである。その手掛かりとしてヘリゲル述『日本の弓術』から引用する。

日本人はヨーロッパ人の物の考え方に通じていない。ヨーロッパ人の問題の出し方にも通じていない。それゆえ日本人は、自分の語る事をヨーロッパ人としてはすべて言葉を手がかりに理解するほか道がないのだということに、少しも気づかない。ところが日本人にとっては、言葉はただ意味に至る道を示すだけで、意味そのものは、いわば行間にひそんでいて、一度ではっきり理解されるようには決して語られも考えられもせず、結局はただ経験したことのある人間によって経験されるだけである。日本人の論述は、その字面《じづら》だけから考えるならば、思索に慣れたヨーロッパ人の目には、混乱しているというほどではないにしても幼稚に見える。

この文章は、彼が弓術を通して「無」を知ろうと努力したが、無駄だったことを示している。それは「幼稚に見える」の一言が物語っている。事の本質が分かっていない。そして戦後の日本人もヘリゲルが言うように――歴史的古層が異なり空っぽで――しか「考える」ことができない。つまり日本の思想がいかなるものであり、また思想とはなにかがまったく分かっていない。

ここで次に繋げるためにニーチェの言葉を再録する。

> 意識にのぼってくる思考は、その知られないでいる思考の極めて僅少の部分、いうならばその表面的部分、最も粗悪な部分にすぎない。

この文章はなにを意味するのか？　これを仮にキリスト教を代替として言うのだが、その原思想は『聖書』にあるはずなのだが、それが「意識にのぼってくる」今日のキリスト教は改竄に改竄を重ねられ「最も粗悪な部分」になっている、という意味に譬えられる。

だがこのことを、彼らは意志的に考えて改竄してきたわけではなく、彼ら戦争社会にあって、肉体が生き延びようとするところに生ずる死の問題が彼らの古層（四次元身体）にあり、それが「意識にのぼって」きたとき「粗悪な部分」に改竄されている、ということである。つまり生命進化とは、あくまで意識（三次元身体）以前に肉体（四次元身体）内で起こるものであるにも拘らず、肉体を否定した彼らにはそのことが分からない。だからニーチェの思想は珍紛漢紛《ちんぷんかんぷん》なのである。

そうであれば当然、死から「逃げ走る」「客分」しかやってこなかった「村」人にそんなことが分かるはずはない。また肉体（四次元身体）上における「無」への進化もなかったから、「考える」能力もまったく発達しなかった。

このことは、たとえばデカルトはその哲学を、突然思いついたわけではなく、ヨーロッパ戦争社会ではすでに、無意識の肉体内で「我考える、故に我あり」の思考が醸成されていたところへ、彼の「神の存在証明」という屁理屈によって意識（有る）が表舞台に現れただけのことである。

それはある意味、フロイトの無意識は当たり前のことだ、ということなのだが、彼らは意識からしか世界を見られぬ思想進化をしてしまったから、無＝肉体のもつ重要さが理解できない。つまり理性（三次元身体）より肉体（四次元身体）の方が進化のメカニズム――四次元身体（無）から三次元身体（有＝意識）が生まれたということ――から考えても当然だ、ということが分からない。すなわち無＝肉体の上に意識があるのが自然なのに、西洋文明は、そこから生命の基本である肉体を抜き取ってしまったが故に、狂った文明になってしまったのである（ニーチェが言ったのはそのことである）。

そのように有の思想を生きてきたからこそ、ヨーロッパ人はもっぱら敵を殺すために鍛錬してきたのであり――それがスポーツの起源であり――彼らにとって『鉄砲を捨てた日本人』（ノエル・ペリン）は理解不能なのである。

そうした思想進化をしてきた結果、ヨーロッパ人は「肉体で考えること」（ニーチェの思想）を放棄してしまったから、二つの世界大戦は悲惨なものになってしまったのである。

それに対して、日本の思想は「無」である。歴史的古層が戦争社会ではなく、従ってキリスト教のような宗教も、デカルトのような哲学も育ちようのない風土に、「有」の思想は生まれようがない。そうであれば武士にしても、敵を殺すことよりも、己の死を克服できてこそ敵を斃せるという思想に至ったのである。そしてそこに、中国から伝わってきた禅の無によって一層、己を殺せる思想に発展していった。従って武士は己を殺せる無になるために、剣道等の修行を行ったのであり、切腹の思想もそこから生まれたのである。

しかし死から「逃げ走る」「村」人には、有も無も無縁だった。従って知能はまったく発達せず、それは戦後に至ってヘリゲルが言ったように、思想が言葉で理解できるものと勘違いするに至った。つまり、有も無もない空っぽ頭に西洋思想を注ぎ込んで暗記しても、なんの役にも立たぬことが分からない。

それはたとえばマッカーサーが、日本に妾用憲法を与えたらそれにしがみついたのも、それである。彼は日本は独立したらさっさと改正すると思っていたらしいが。そして岸信介が改正の方向に走ったら、妾は六〇年安保という集団ヒステリーに陥ったのである。

とにかく戦後の日本人の頭は空っぽだから、自分で「考える」ことができない。民主主義を作り出せるような歴史的古層もなく——市民が存在しないのだから——それをやっても妾民主主義になるだけであり、また知識人といわれる人々も頭が空っぽだから、そこを西洋思想で埋め、その他人の頭で「考え」ていることを、自分の頭で「考え」ていると思っているだけだから、結局、暗記鸚鵡のお喋りになってしまうのである。

また大江健三郎氏のような人物は「どうして人を殺してはいけないのか」との問《とい》に「子供は幼いなりに固有の誇りを持っているから」（『朝日新聞』一九九七年十一月三十日）などと、子供騙しにもならぬ頭しか持っていない。ヒトが「人を殺さぬことに固有の誇り」を持っていたら、そも世界に戦争など起こるはずがない、ということが分からない。

それに最近気づいたことであるが、日本人がテレビの警察ドラマ物といった、いわゆる人殺し物がいかに好きかということである。これほど人殺し好きの民族に固有の誇りなどあってたまるか。要は殺すことは厭わぬが、自らの死からは「逃げ走る」妄民族なのである。その虫のよさは、と言うか空っぽ頭は、美食のために牛や豚を殺し、ペットを虐待すると動物愛護法に触れると言うのである。いったいなにを考えているのやら。これは基本的に人種差別（たとえばナチス）の発想と同じである。人間とは自分の都合で善悪の価値観を作る存在なのである。

結局、生は無であり、死も無であることを悟れば、死はなにものでもない。死を真正面から見ることなくして「考え」も「悟り」も生まれない。

あとがき

私は天を信じる。


天よ、あなたは私を死に至らしめることもなく、地獄のどん底の苦痛に落としてまで、なぜお生かしになるのですか。

それがあなたの御意志なのですか。

もしそうであるのなら従いましょう。

しかし私が天命を果たし屍となったとき、どうかあなたのその御胸に私をお抱きになり、よくやったと仰って下さい。

私はそれで本望でございます。

そんな天をである。